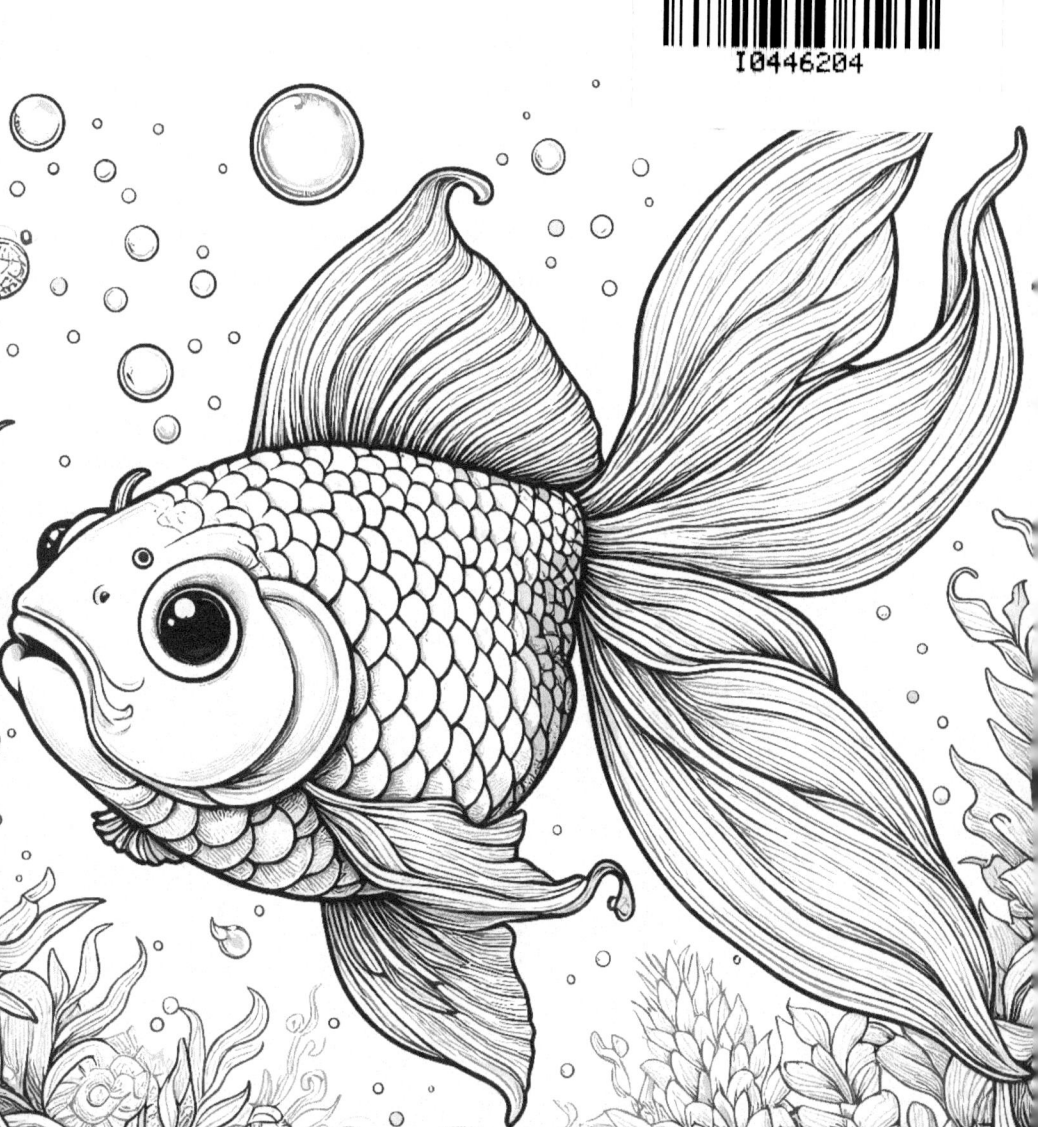

Pez dorado de la suerte

Un pez mágico de la mitología china, portador de deseos y fortuna, atraparlo es ganarse un boleto a la epopeya de los sueños.

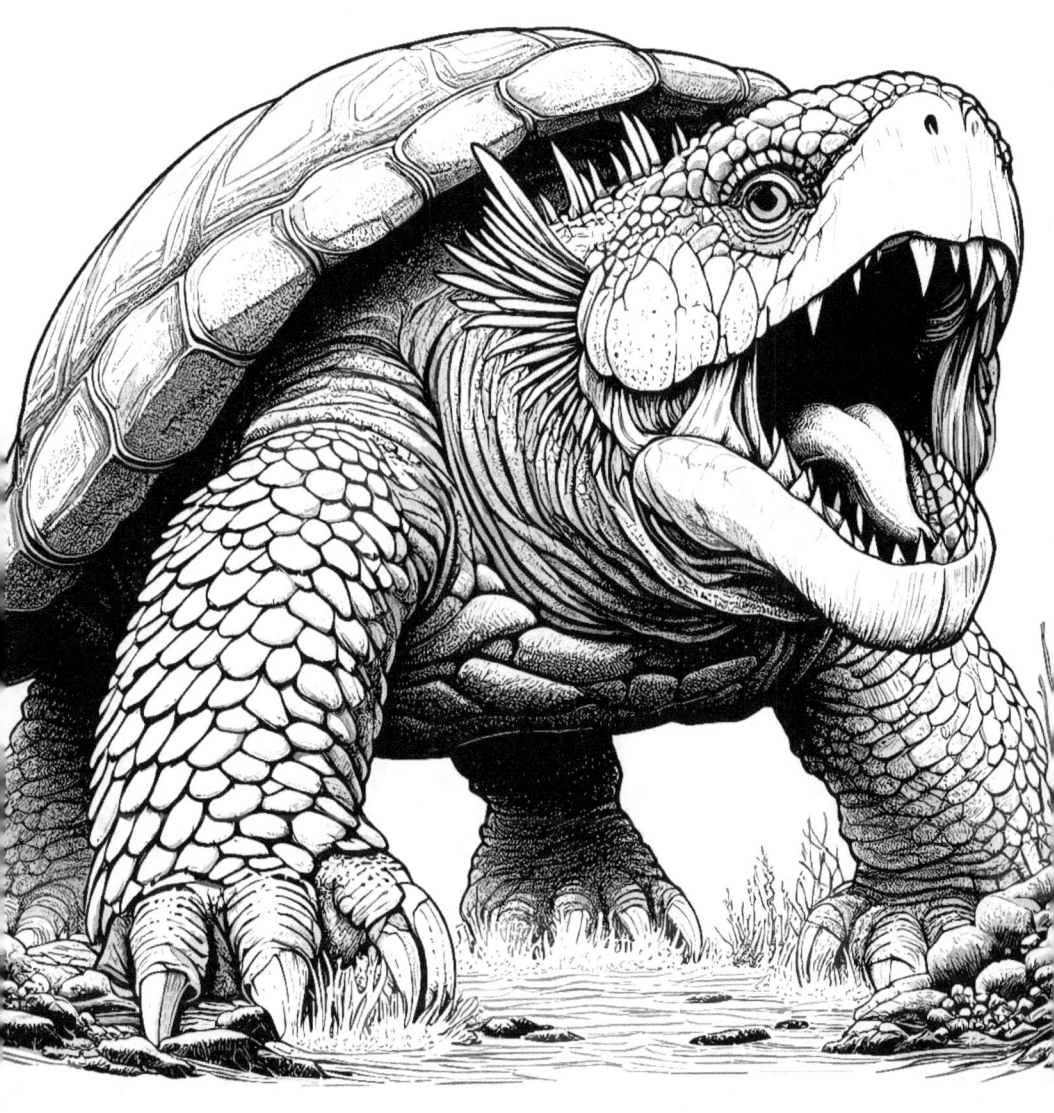

Aspidochelone

Una gigantesca tortuga, surgida de las fábulas medievales, que
despierta la imaginación de los audaces.

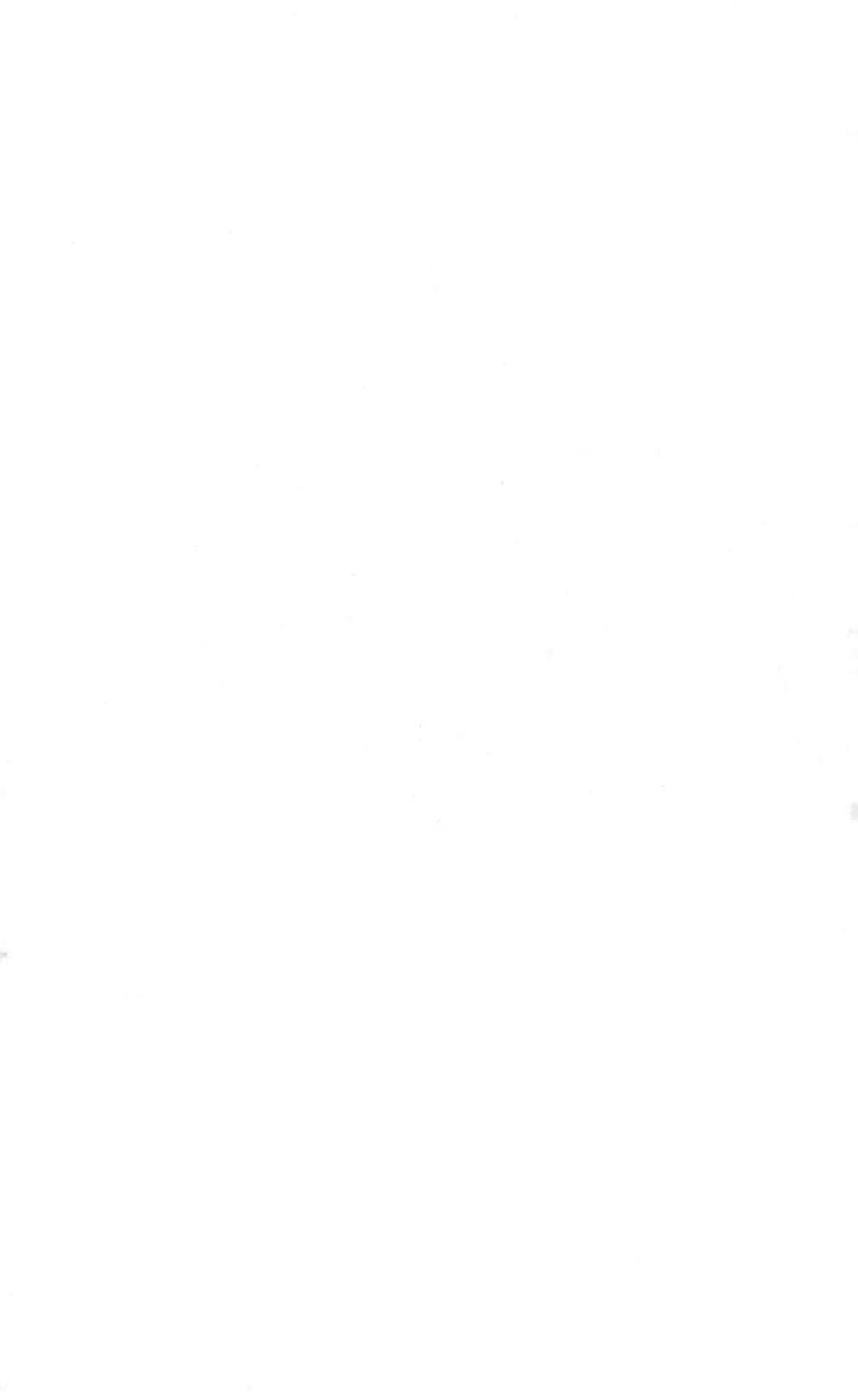

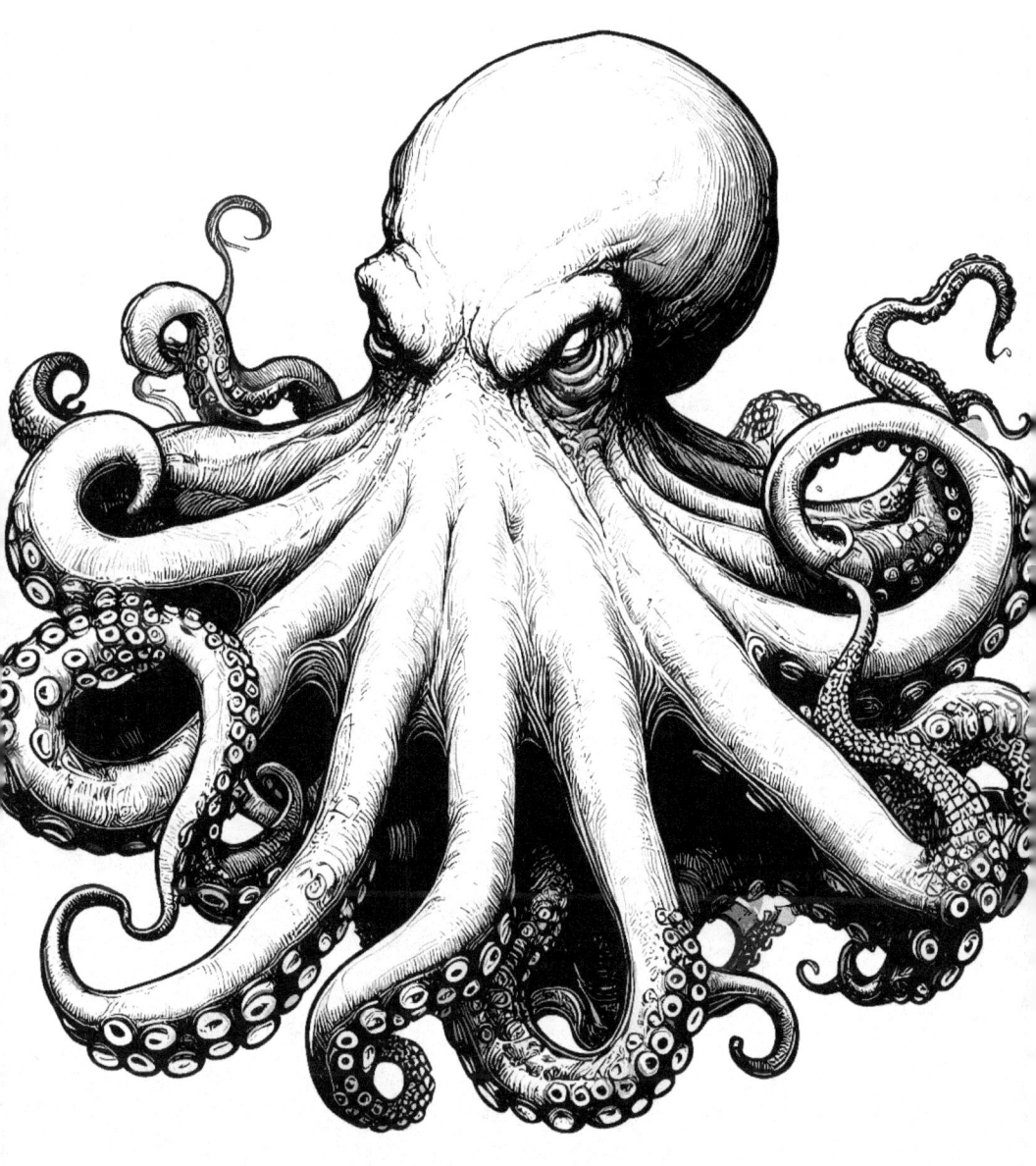

Pulpo gigante

Una versión colosal del pulpo común, una bestia marina que acecha en las pesadillas y leyendas, desafiando a quienes se aventuran en las profundidades.

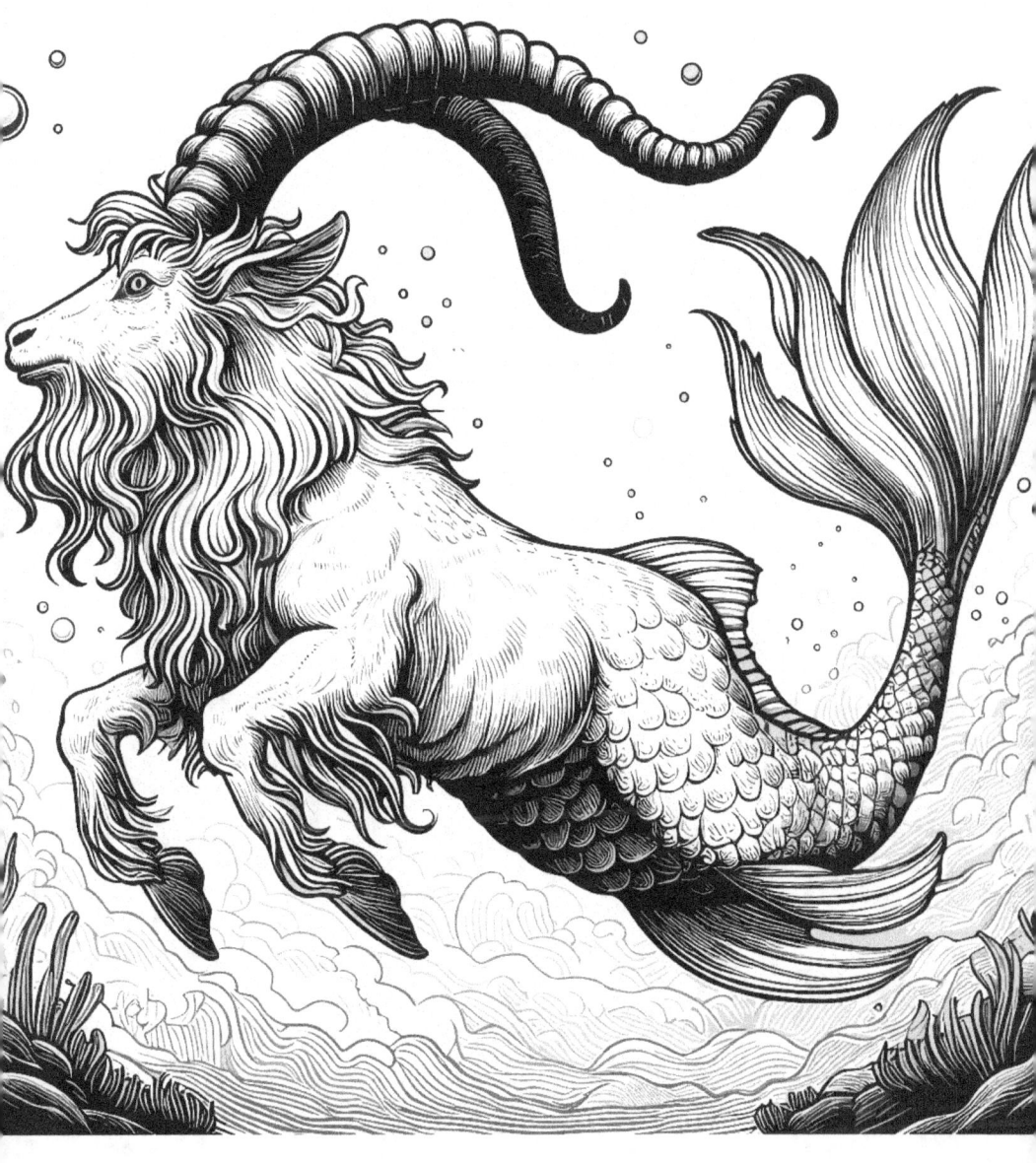

Cabra marina

Una criatura híbrida de cuerpo caprino y cola de pez, la esencia
de la mitología marina que danza en los sueños.

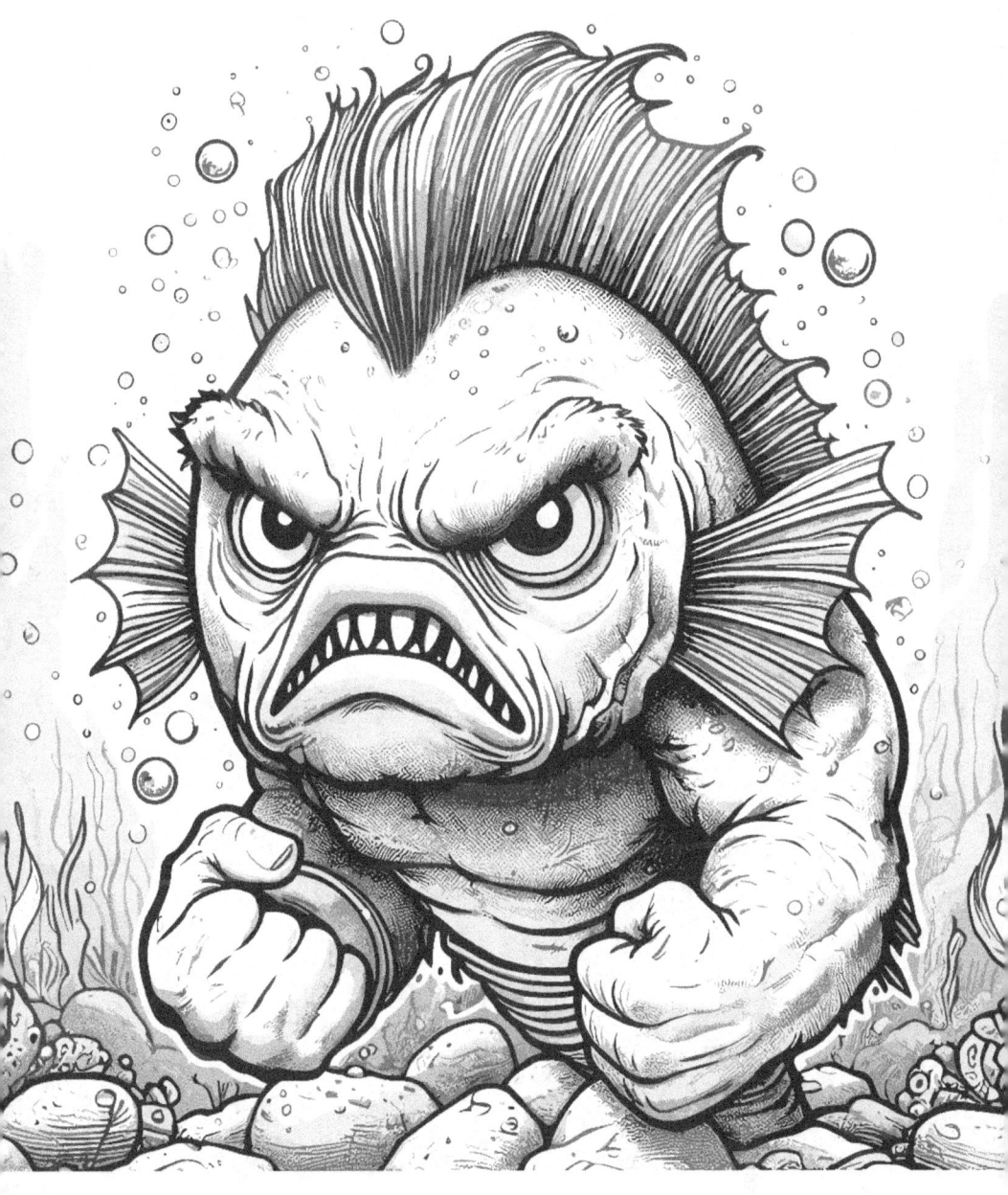

Hombre pez

Una criatura legendaria que amalgama la esencia humana con la del pez, un ser enigmático en la encrucijada de dos mundos.

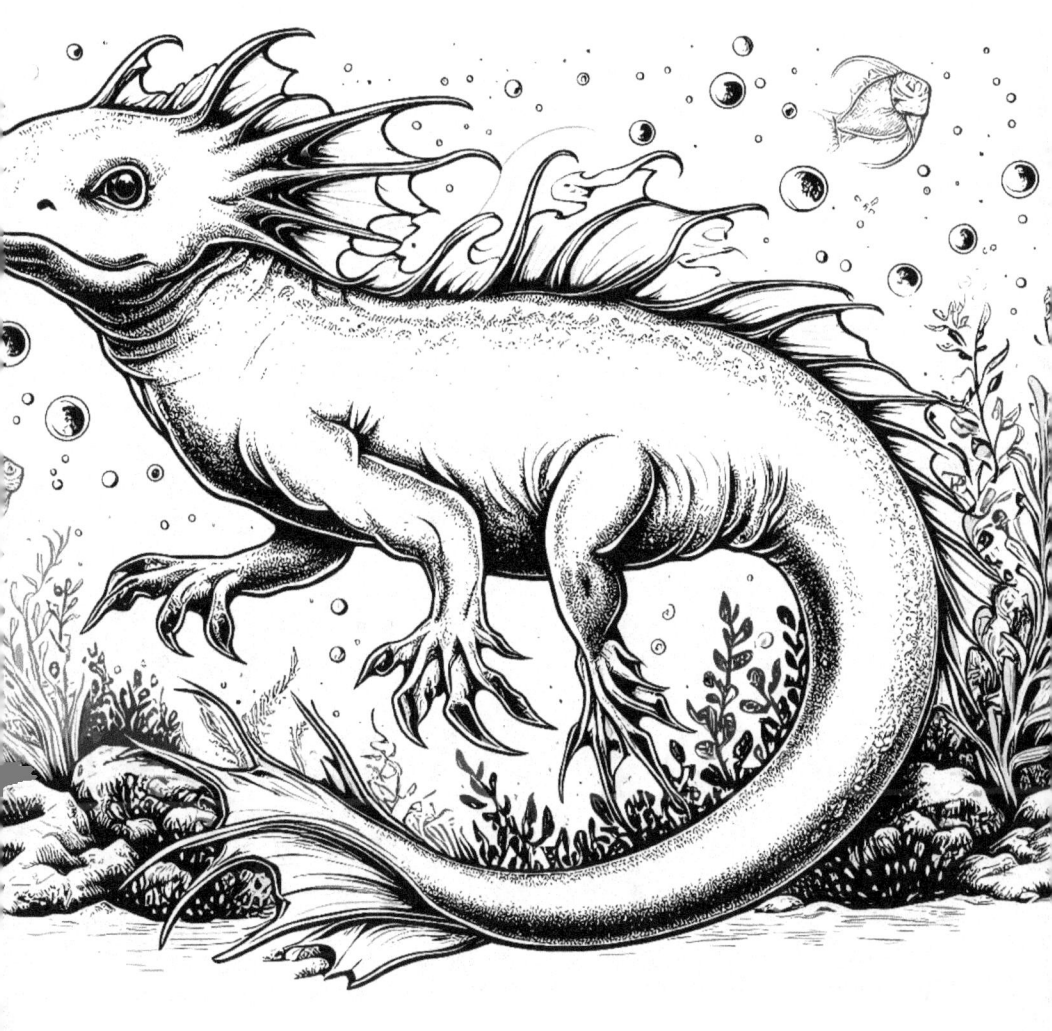

Tritón azul

Una variante mágica del tritón, con habilidades únicas y un influjo sobrenatural sobre las aguas, protagonista de relatos marinos de proporciones épicas.

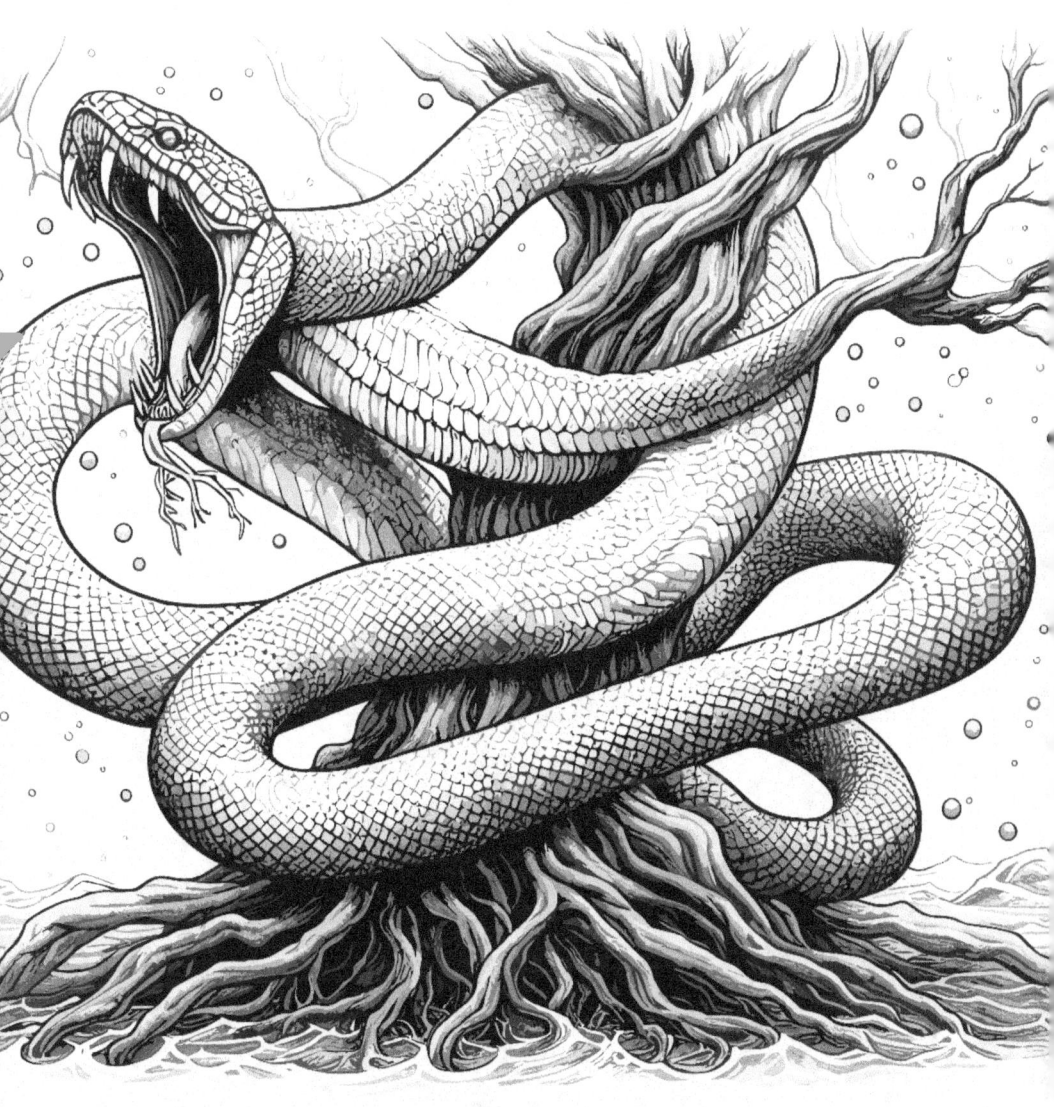

Níðhǫggr

Una serpiente de la mitología nórdica que roe las raíces del árbol del mundo, Yggdrasil, una fuerza destructiva que amenaza la estabilidad de los nueve mundos.

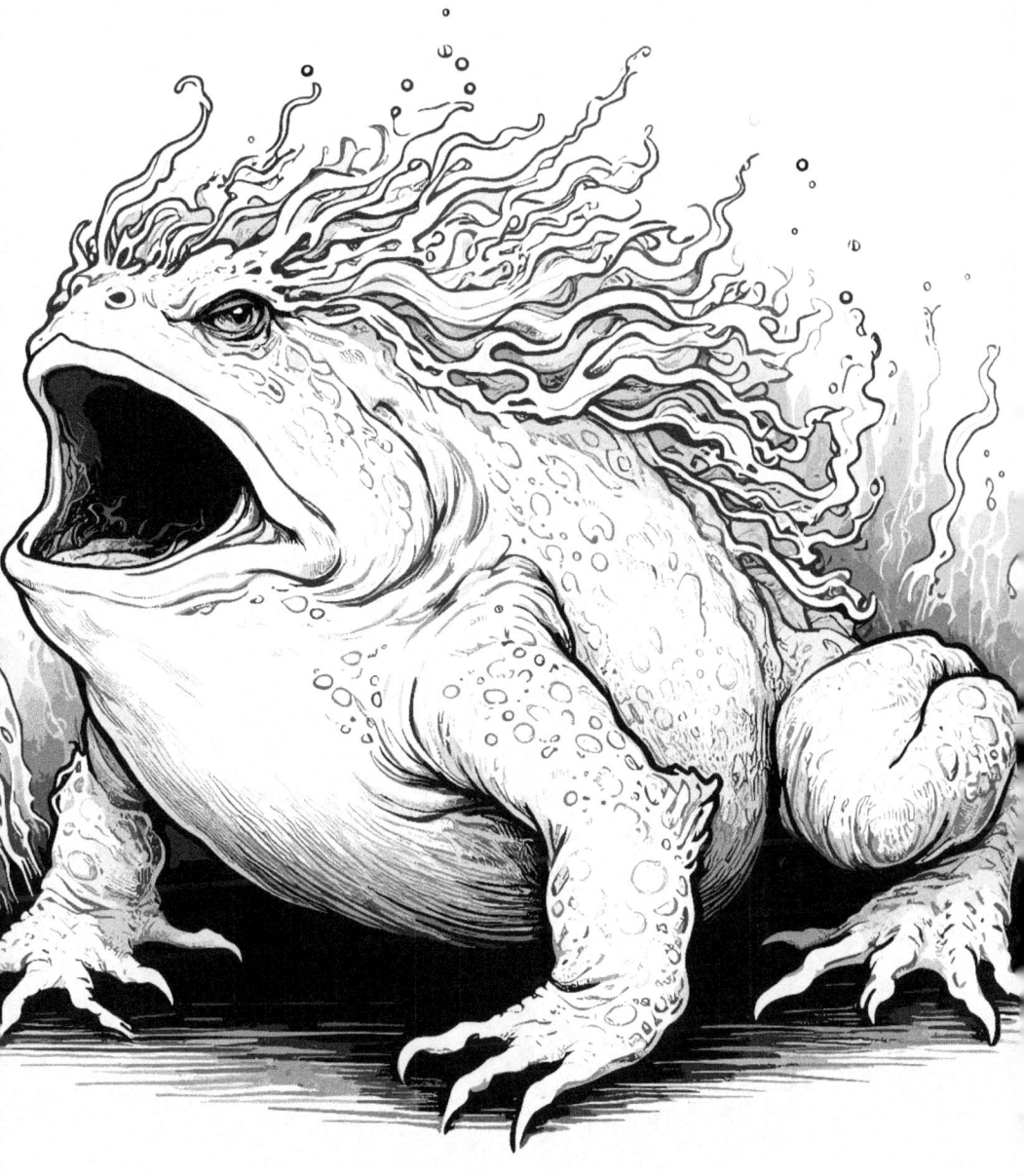

Sapo de mar

Una criatura legendaria, con rasgos de sapo y morada en las
profundidades oceánicas, cuyos croaks son canciones de los
abismos.

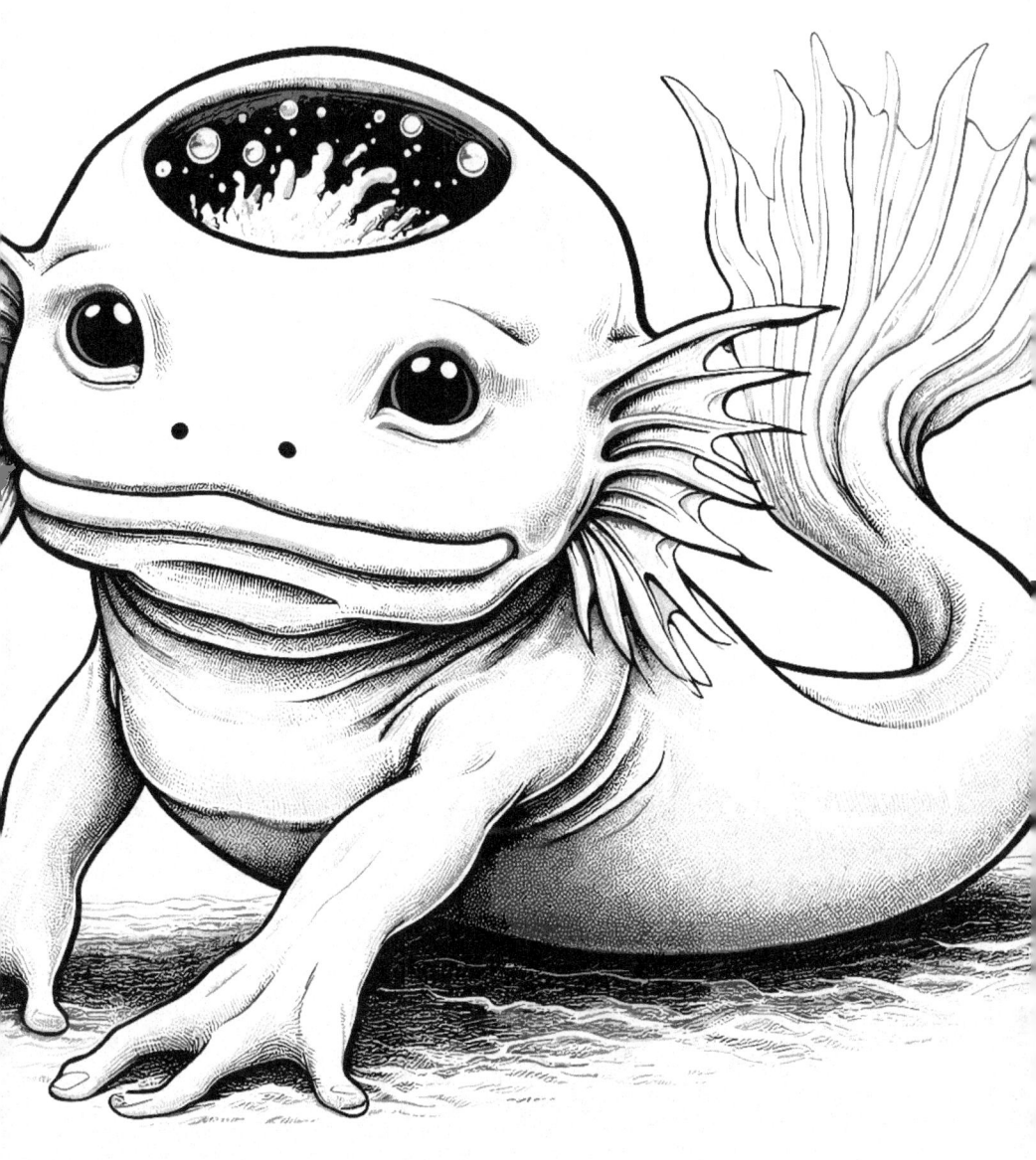

Kappa

Un ser del folclore japonés, de naturaleza acuática y cabeza
hueca que alberga misteriosas aguas, despierta la imaginación
de las leyendas orientales.

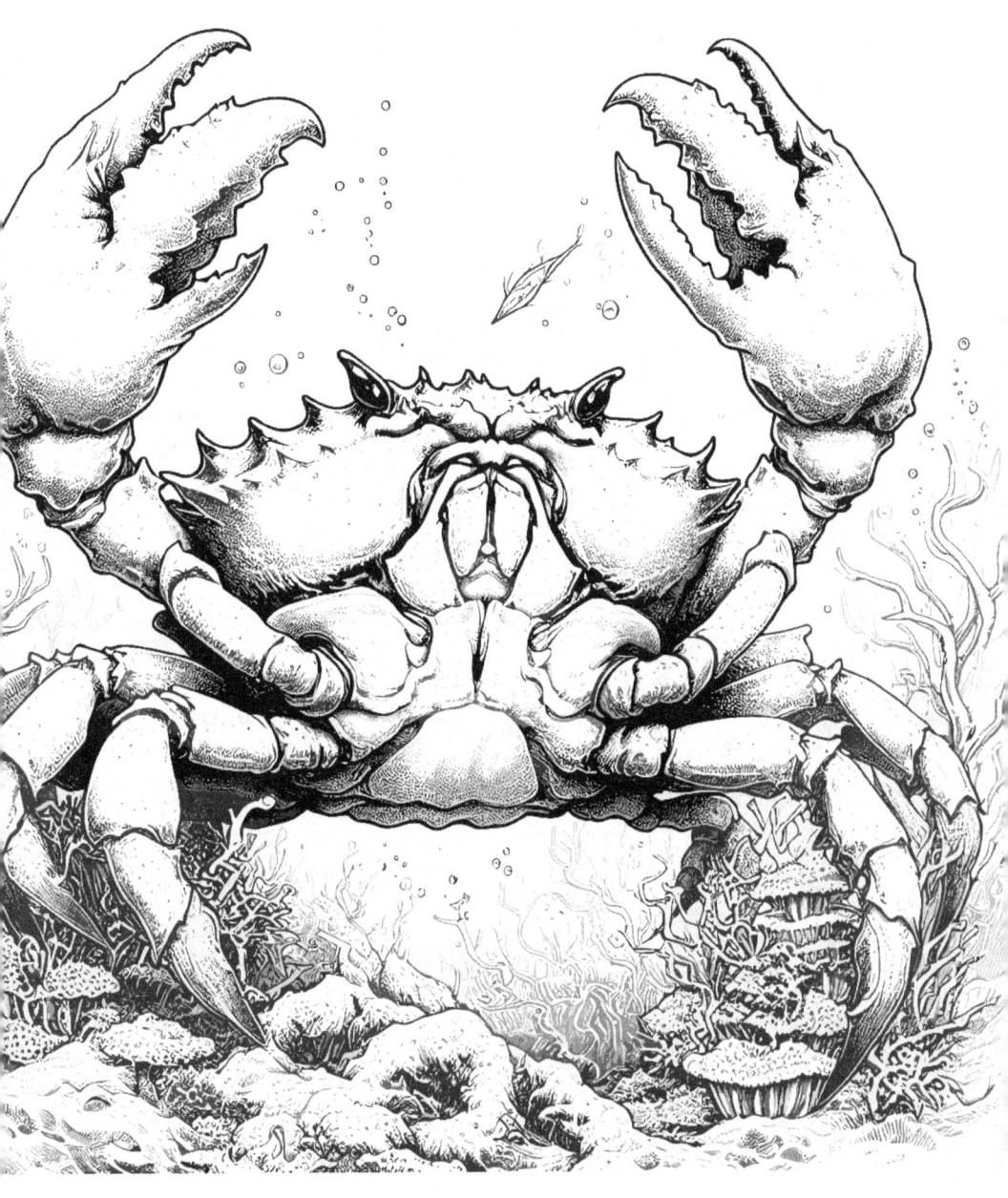

Cangrejo gigante

Una versión colosal del humilde cangrejo, que protagoniza historias épicas de la mitología marina, desafiando incluso a los valientes.

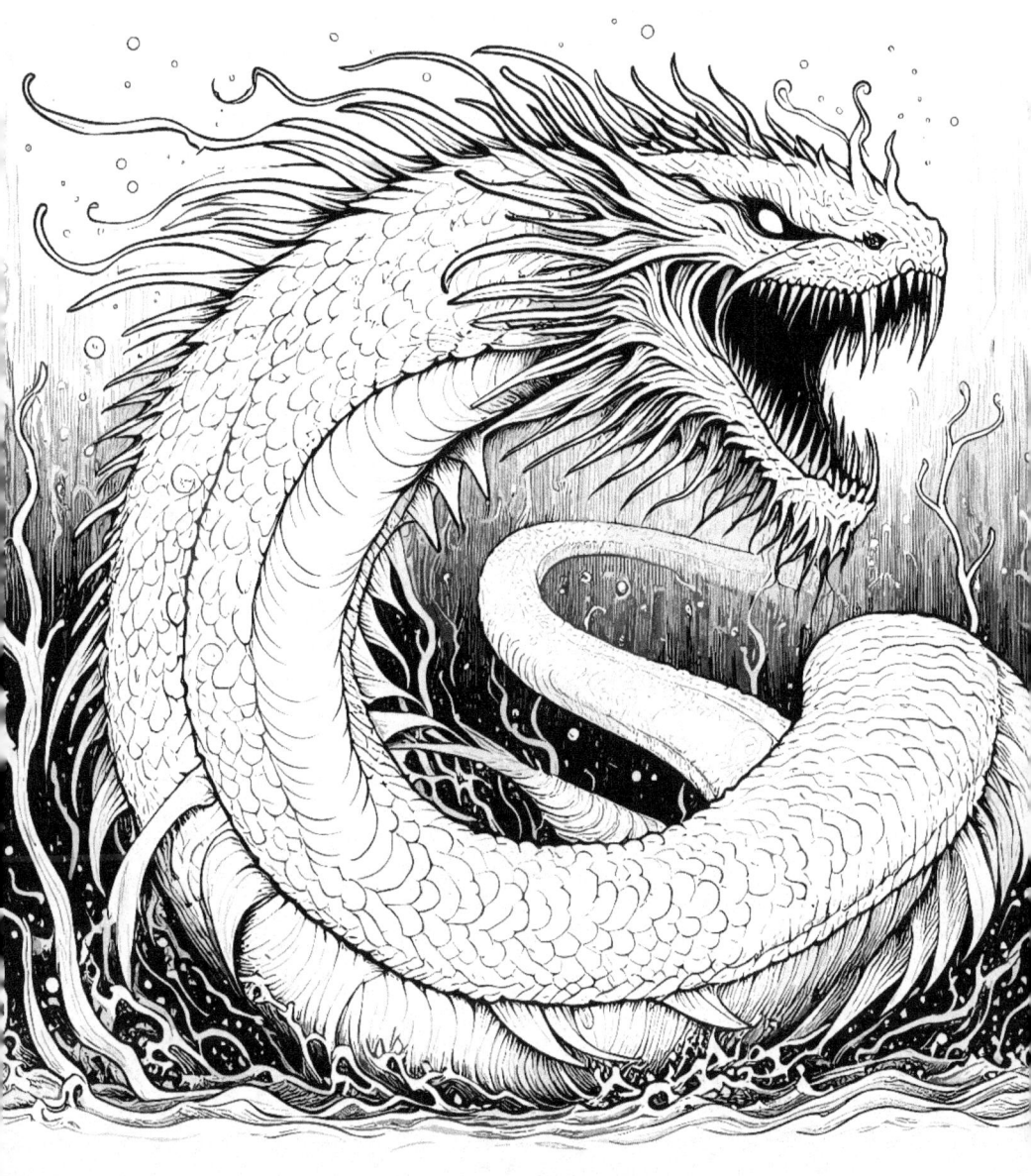

Tiamat

La personificación del caos ancestral, sus escamas titilantes revelan los secretos de la creación y desafían a los valientes a adentrarse en la esencia misma del universo.

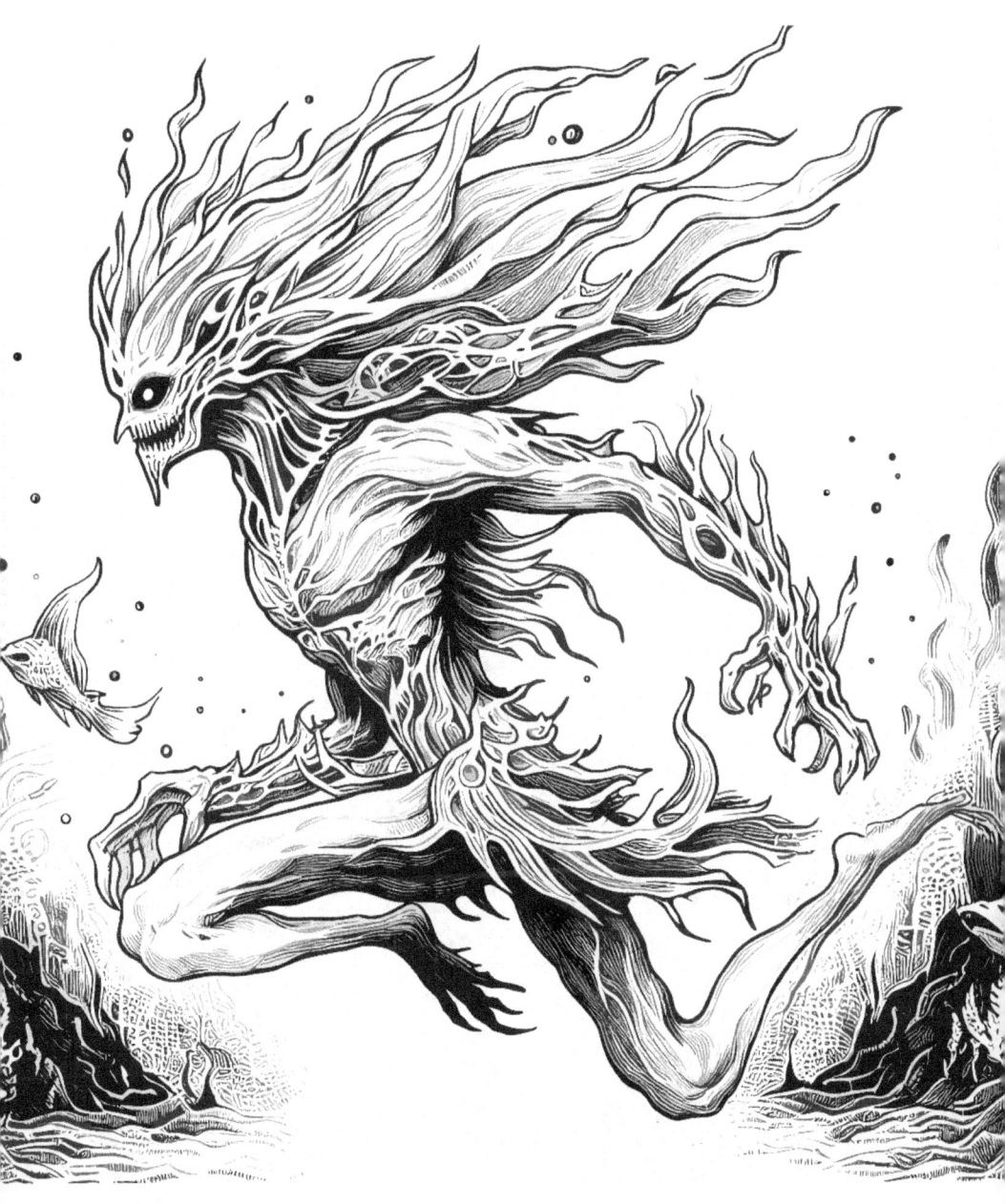

Espíritu de las profundidades

Un ente místico que gobierna los abismos oscuros del océano,
un guardián de secretos insondables.

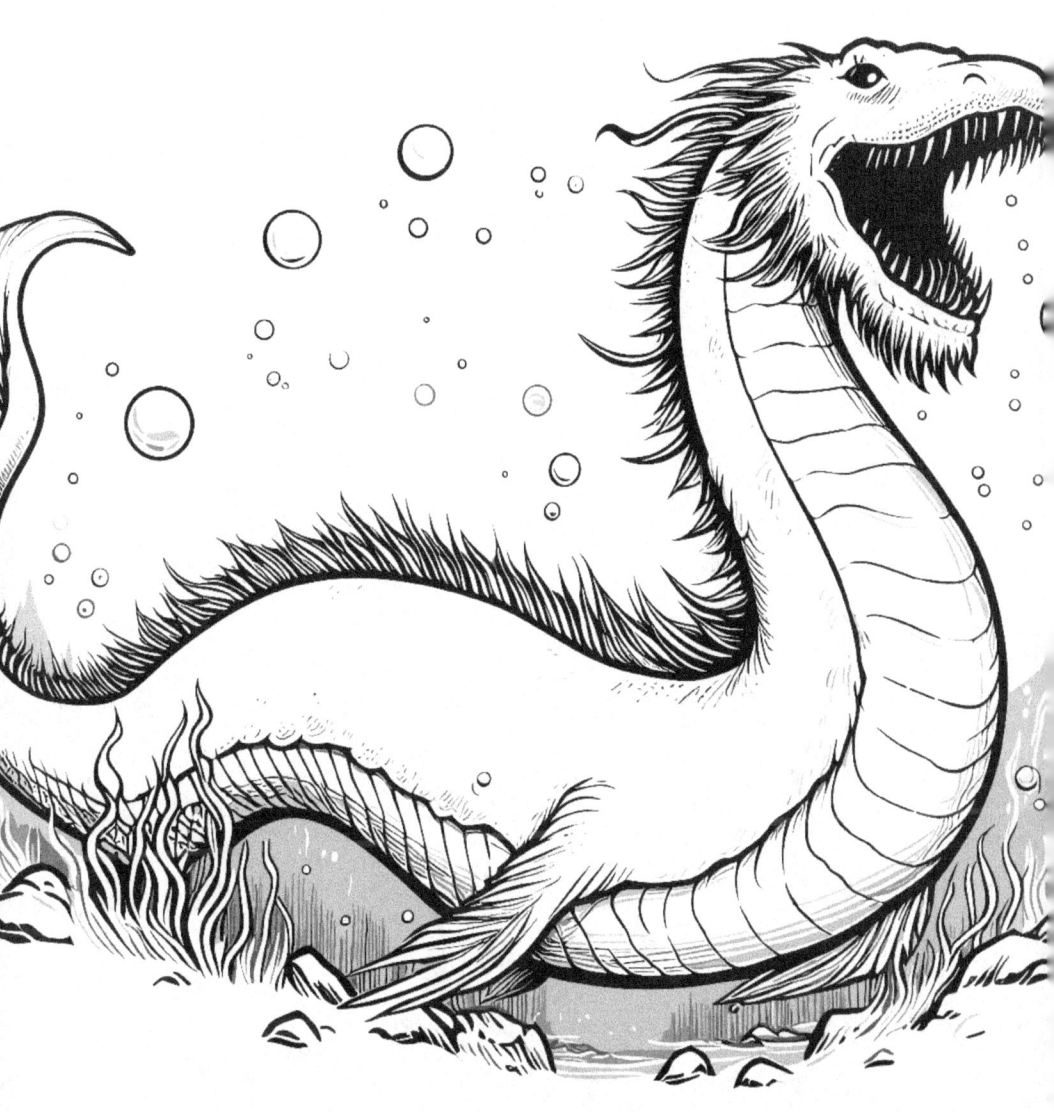

El monstruo del lago Ness

Una criatura legendaria que habita en las profundidades del lago Ness, tejida en el tapiz de mitos y misterios escoceses.

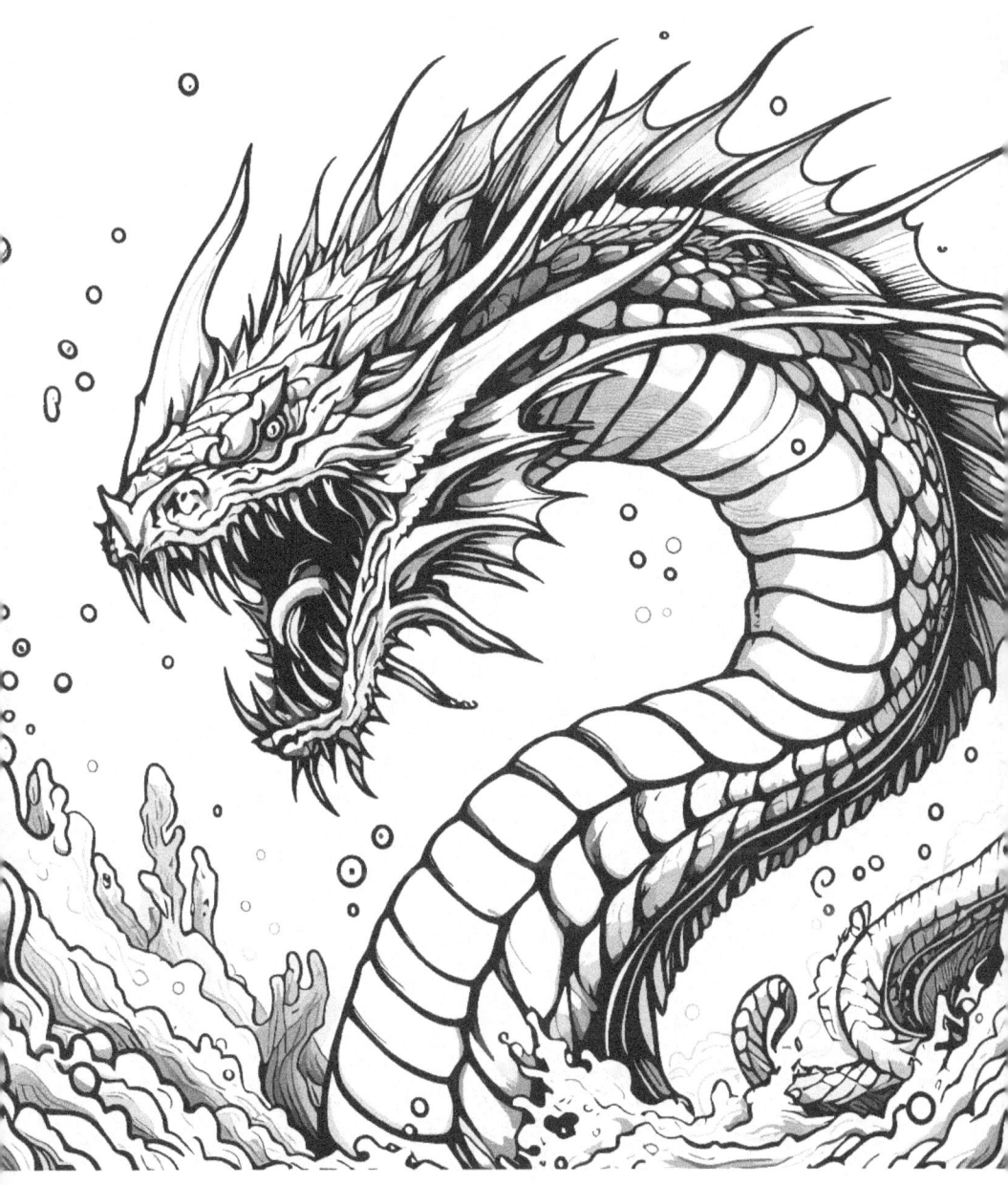

Naga

Ser de gracia etérea y sabiduría ancestral, sus ojos penetrantes guardan secretos perdurables en los abismos, desafiando a los valientes a descubrir misterios ocultos.

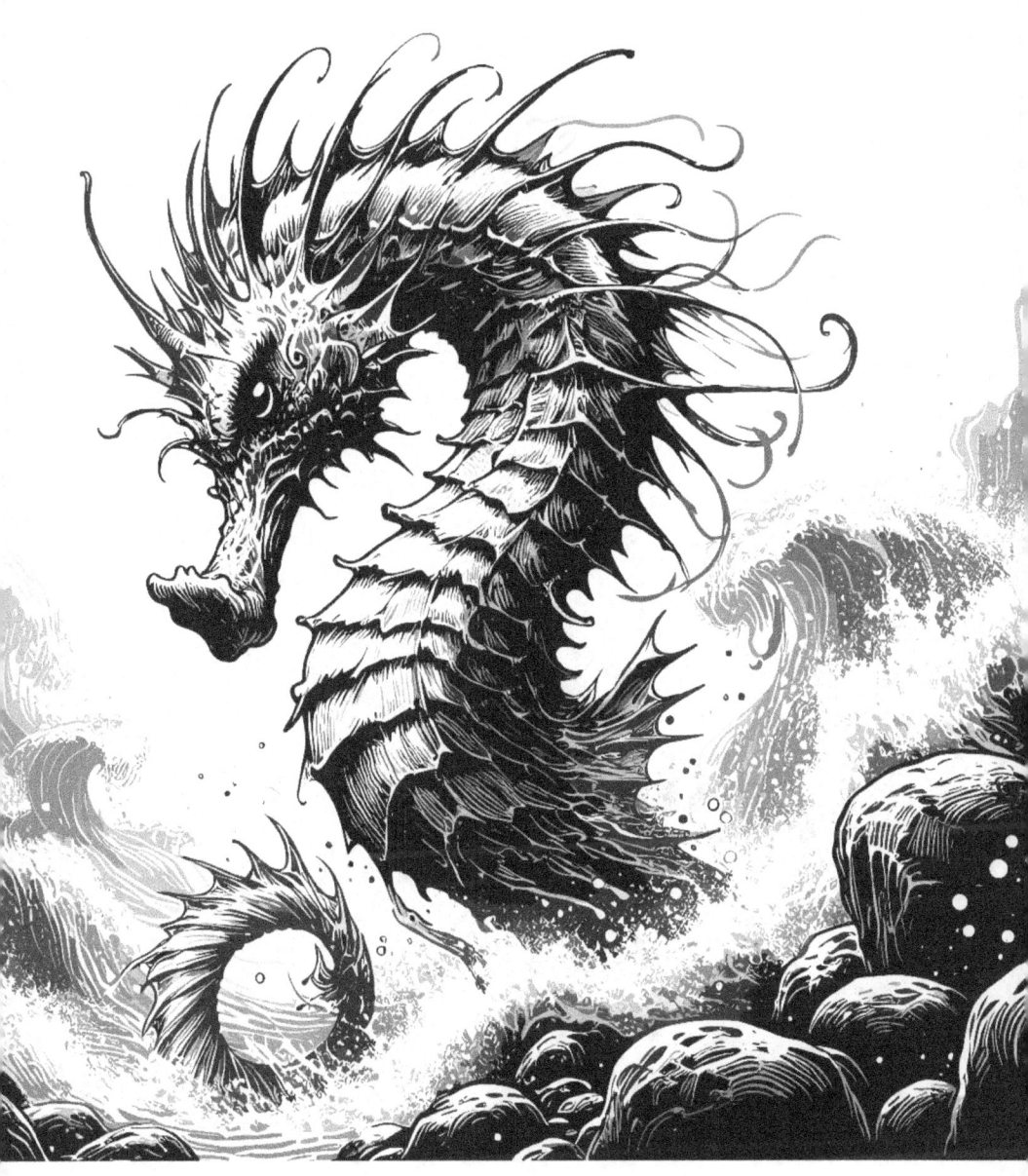

Caballito de mar gigante

Una versión sobredimensionada del humilde caballito de mar,
arrastra a los aventureros a cuentos y leyendas fantásticas.

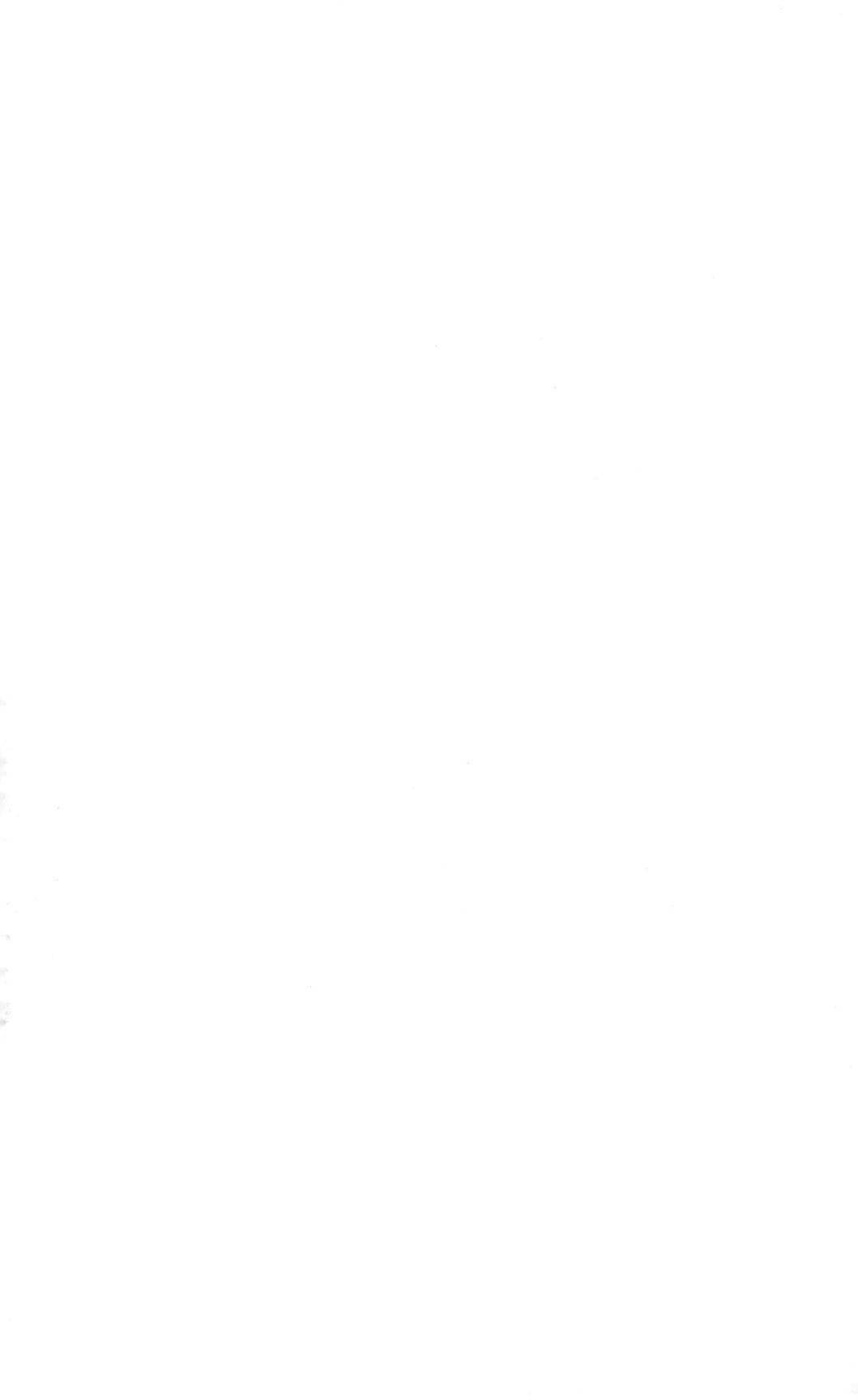

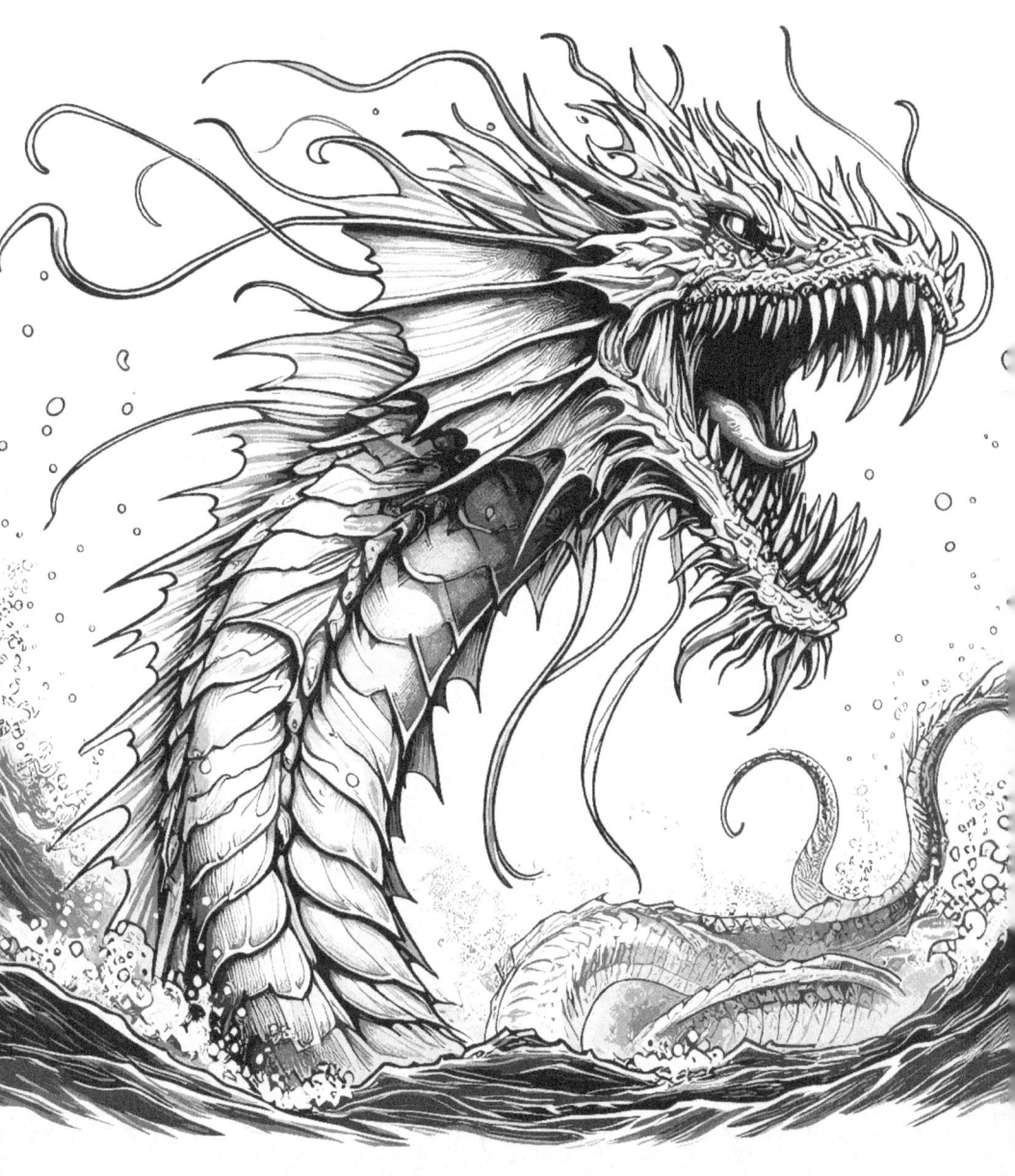

Dragón marino

Un reptil mítico que desafía la imaginación, habitante de las profundidades inexploradas, un enigma vivo entre dos mundos.

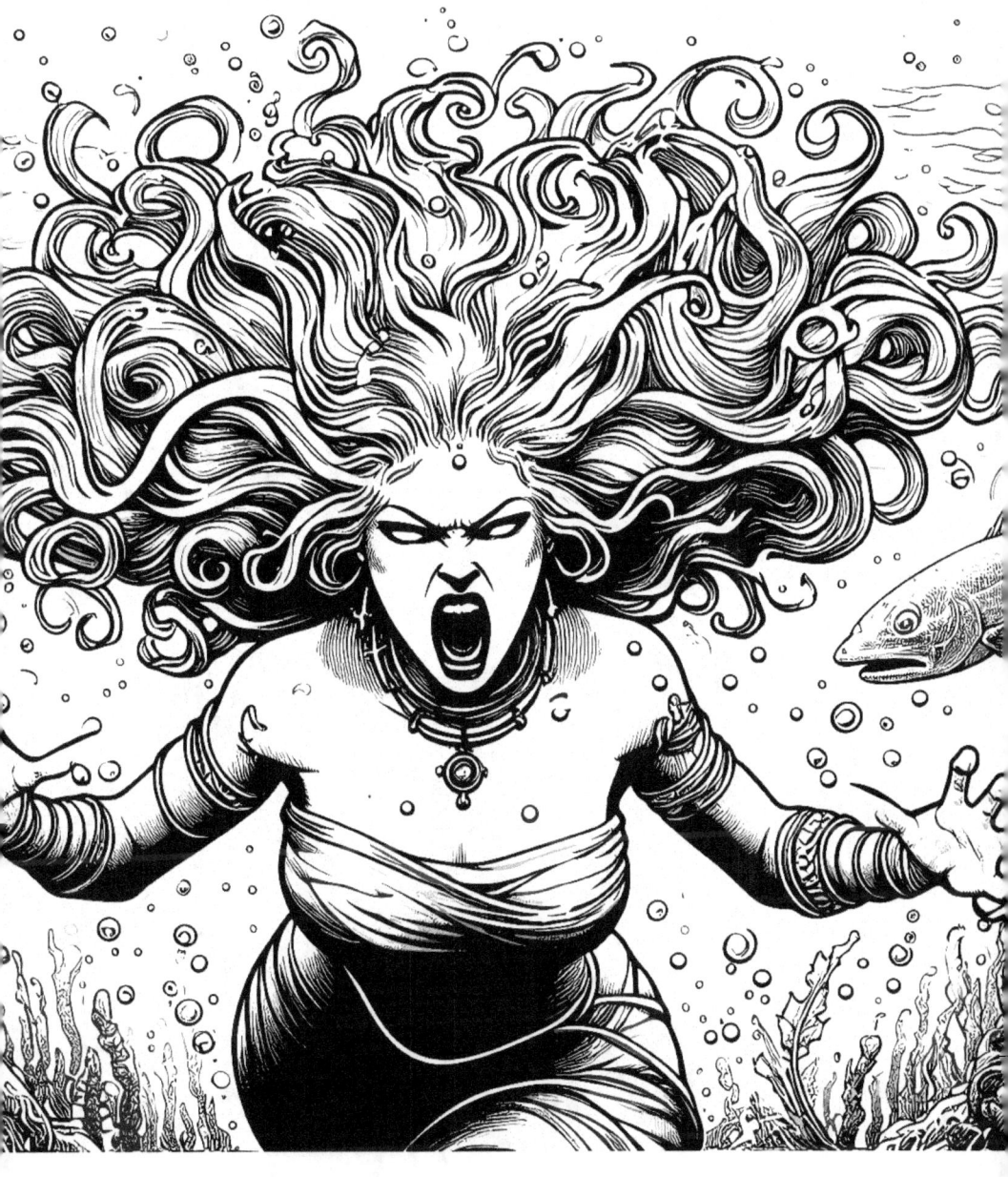

Nereida

Una de las cincuenta hijas de Nereo, diosa del mar, habitantes del misterioso mar Egeo, guardianas de secretos ancestrales.

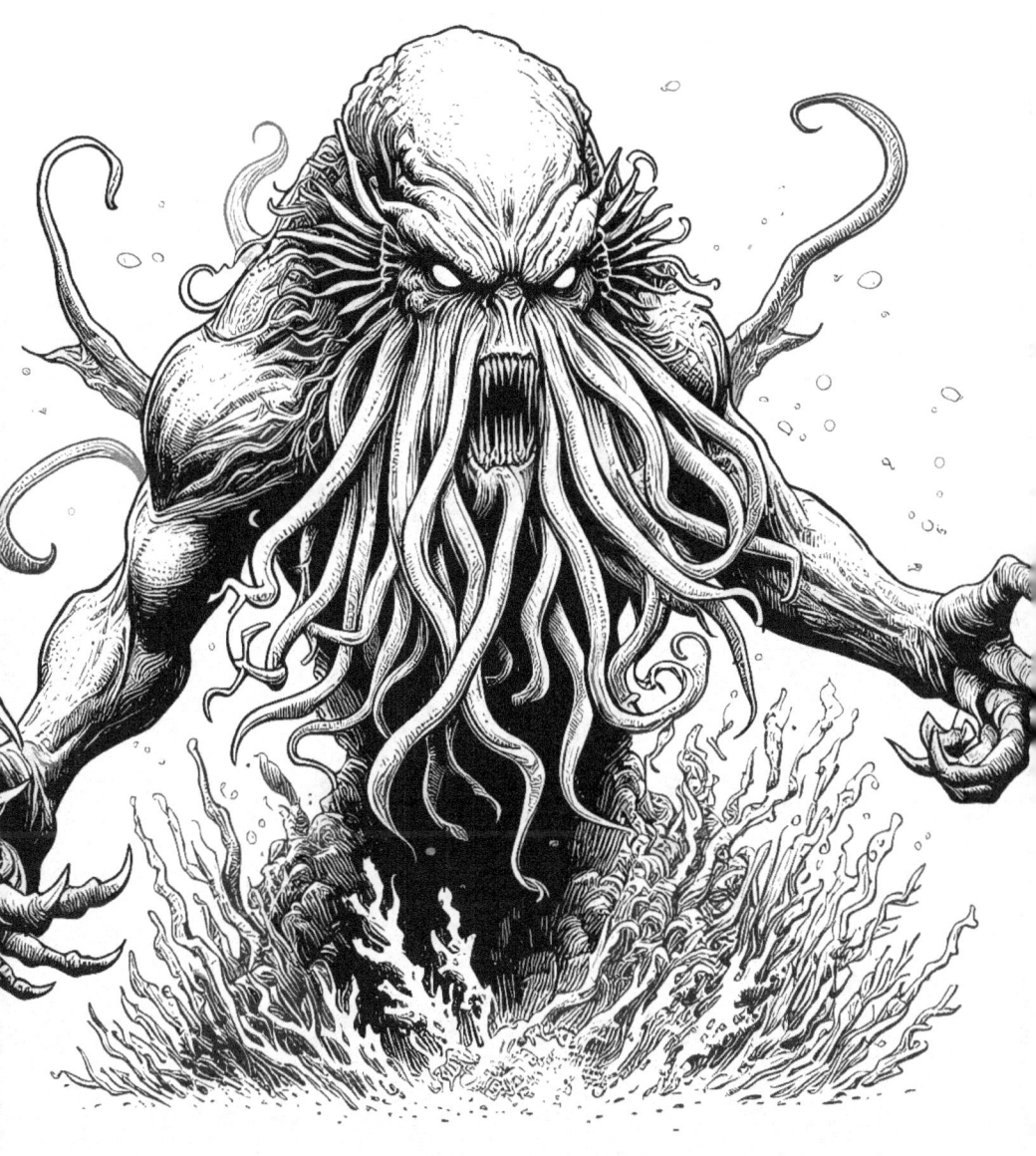

Cthulhu

Una deidad antigua de terror cósmico, con una presencia
imponente que susurra secretos insondables a aquellos lo
suficientemente audaces como para contemplar su grandeza.

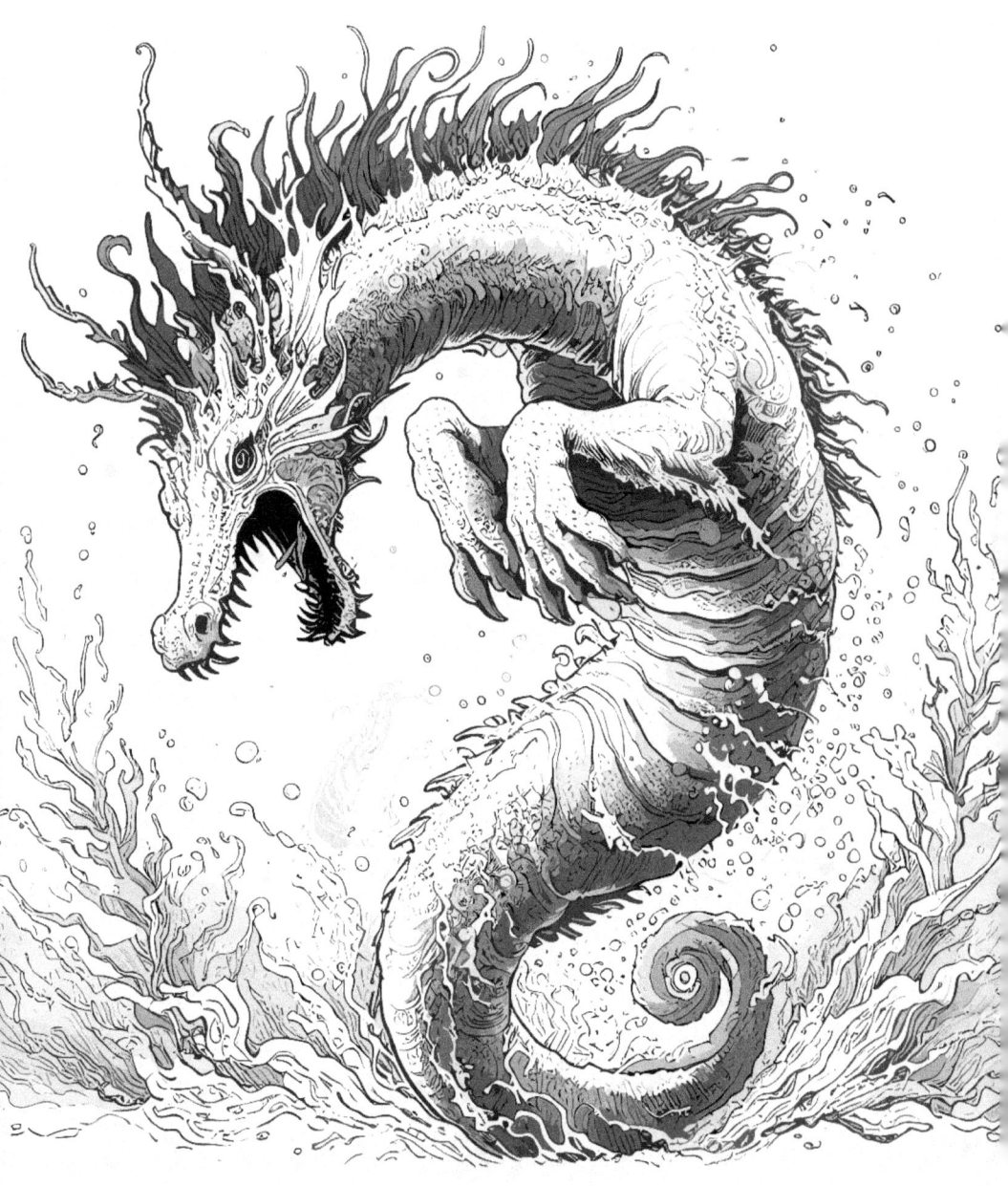

Hipocampo

Un majestuoso caballo marino que galopa sobre las olas,
guiando a los espíritus intrépidos hacia tierras inexploradas.

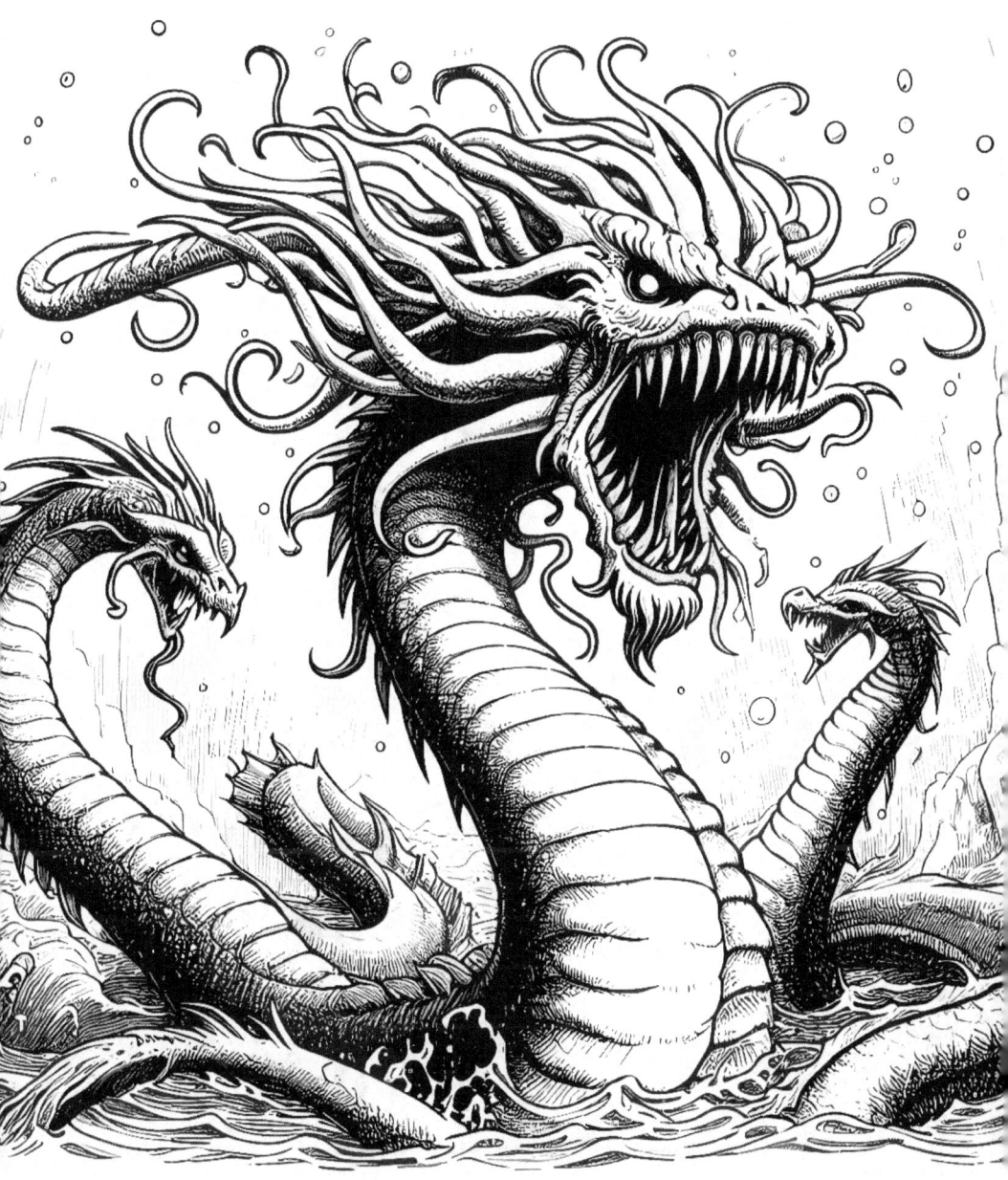

Hidra

Una serpiente acuática de múltiples cabezas, una pesadilla que yace en los fondos, desafiando a los más valientes.

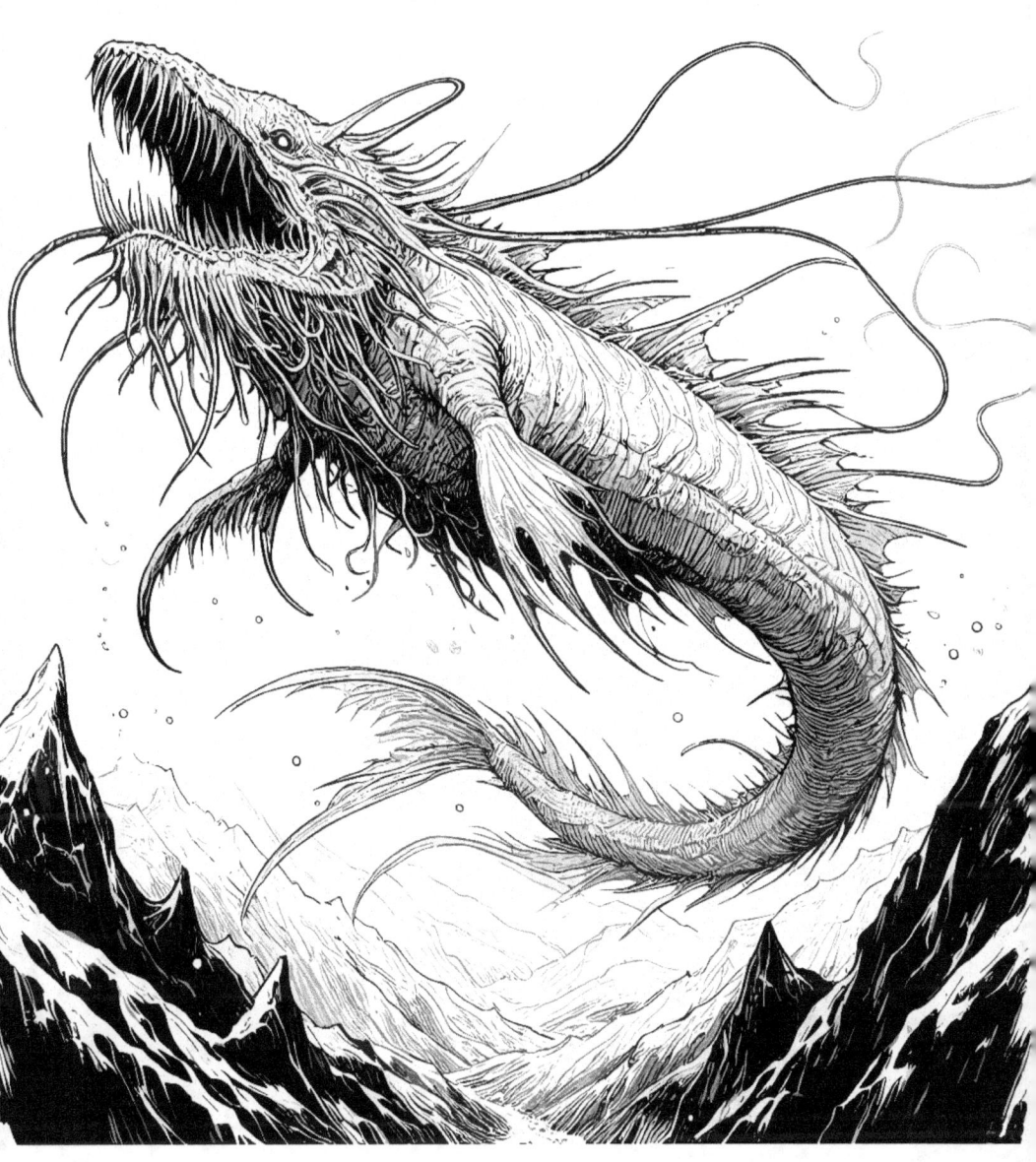

Leviatán

Una monstruosidad de las profundidades, vinculada con el caos primordial y el mal encarnado, una pesadilla marina de proporciones insondables.

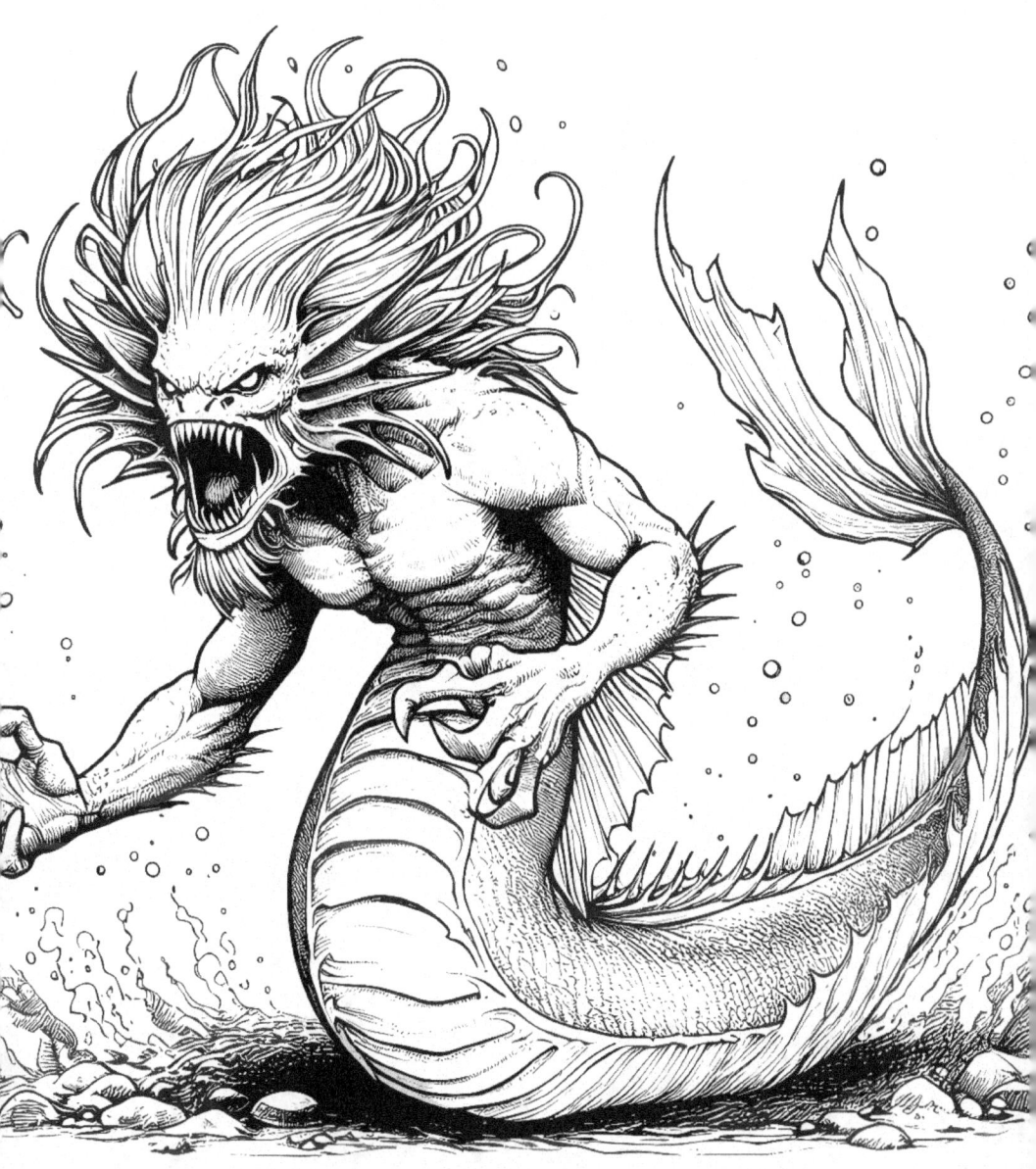

Tritón

Un ser marino mitad hombre, mitad pez, destilando la
majestuosidad del mar, a menudo ligado al misterio del
Poseidón en la mitología griega.

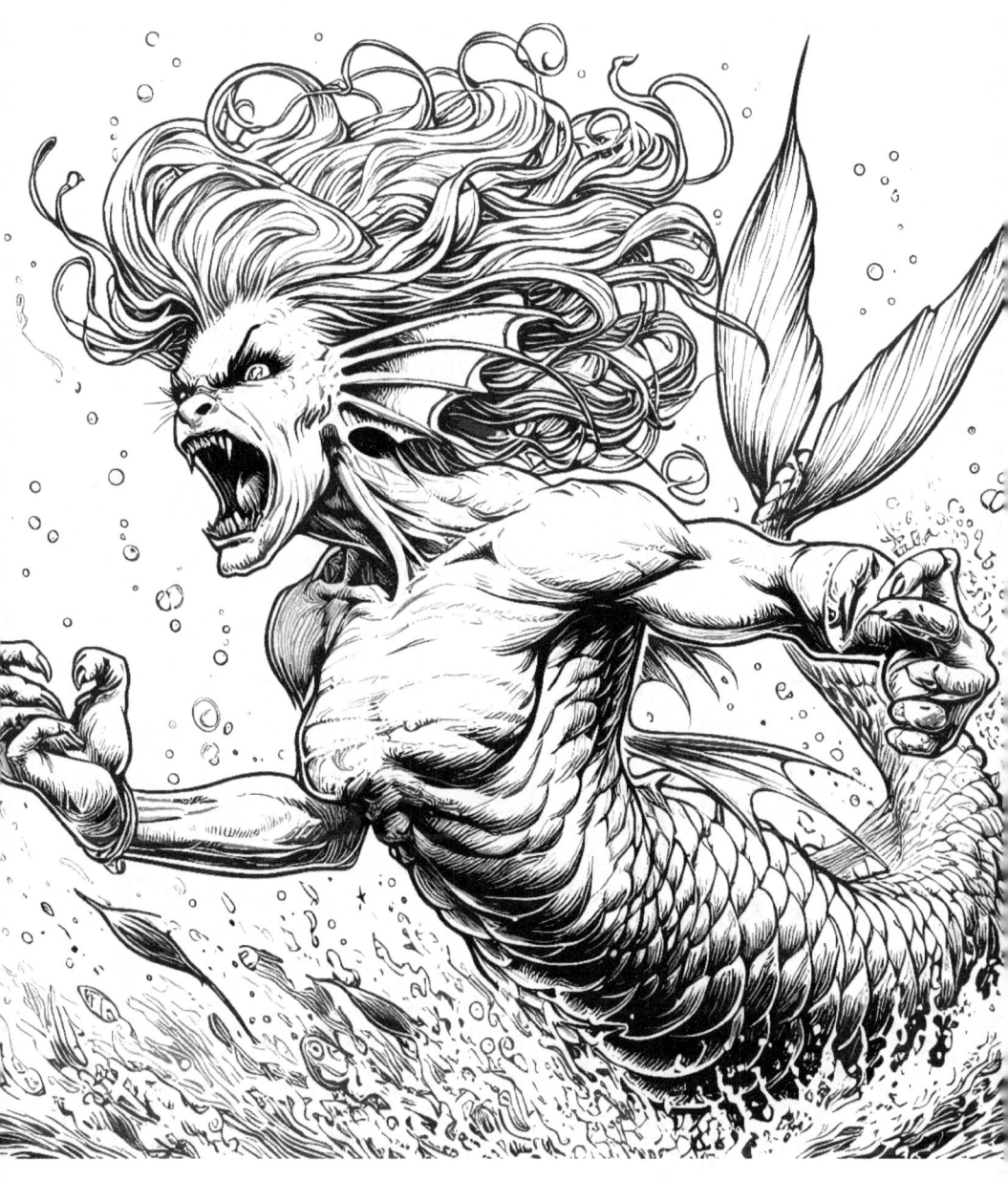

Sirena

Una figura mitad mujer, mitad pez, cuya canción
hechicera arrastra a los marineros hacia los recovecos del
alma perdida en el abismo del océano.

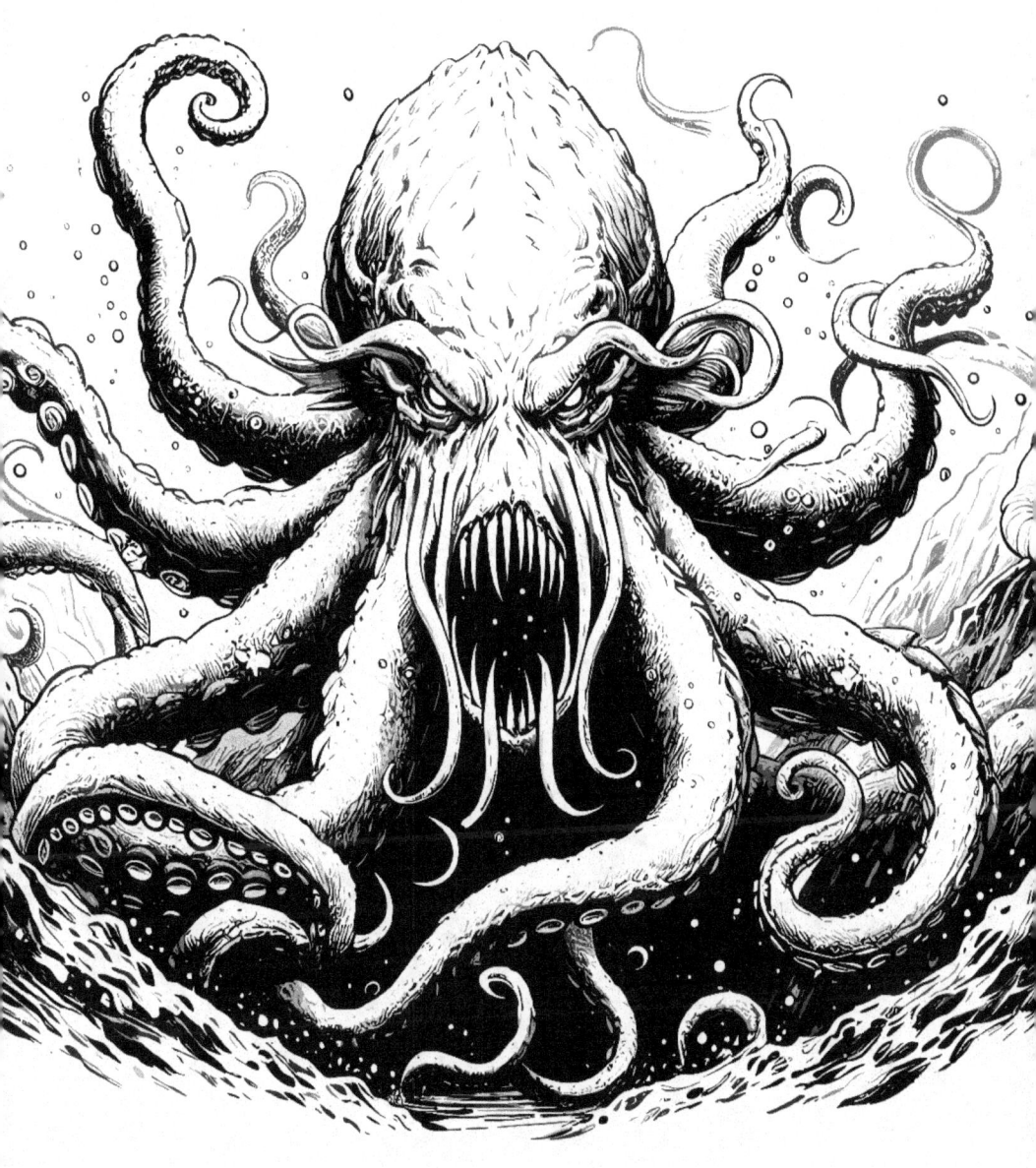

Kraken

Una titanesca criatura marina cuyos tentáculos en sombras abrazan los abismos, su misterio acecha en las profundidades insondables.